7 und 70

Seiten Gedanken in Gedichten und Geschichten

© 2023, Peter Wurzer

Herstellung und Verlag:

BoD – Books on Demand, Norderstedt.

ISBN: 9783755766780

INHALTSVERZEICHNIS

Amor

Sie liebt den Mann, den viele Frauen hassen,

schreibt das Boulevardblatt gelassen.

Alexandra Vino heißt es, sei ihr Name,

und - Schauspielerin sei die Dame.

So richtig bekannt ist sie nicht,

auch nicht ihr Alter oder ihr Gesicht.

Den Mann, den sie liebt, der ist berühmt.

Harvey Weinstein ist es, aber der hat ausgedient

als Filmproduzent aus Hollywood.

Jetzt ist er hinter Gittern, das finden viele gut.

Nun kennt man auch Alexandras Namen,

ihre Liebe zu Harvey bildet den passenden Rahmen.

Ist die Liebe einmal entfacht,

zeigt Amor seine große Macht.

Auswandern

Ich wandere aus, sagt der Auswanderer, verlasse dieses
Land,

das mich nicht mag, das ich nicht mag.

All die falschen Freunde im Freundesgewand -

ich ertrag's nicht mehr, keinen weiteren Tag!

Überall nur Selbstverliebte und Egoisten,

im Sommer am Badestrand, im Winter auf den Pisten.

"Wohin ich auch schau,

seh' ich meines Lebens grauen Trümmerbau!",

hat mal einer gedichtet

und so erkannt, dass alles, was von uns errichtet,

schließlich endet im Sand, vernichtet.

Da hilft auch nicht die Flucht in ein anderes Land.

Du kannst nicht zerreißen das unsichtbare Band,

das dich fesselt an dein Wesen und Sein.

Du findest keine neuen Orte, nein,

Dein Ziel ist der Ort, der in dir wohnt.

Erkennst du das, hat dich Gott belohnt.

Ist dein Leben hier scheiße,

hilft keine Ausreise,

fährst du es auch im fremden Land

an die Wand.

Bruder

Mein Bruder, ich kann es kaum fassen,

wie er sich in jungen Jahren entschied,

das irdische Leben zu verlassen,

sich mutig zu stellen dem ewigen Fried.

Familie und Freunde versuchten zu stützen,

doch stärker waren Alk und Tabletten.

Man konnte ihn nicht beschützen,

die Sucht hatte viele Facetten.

Wie konnte es so kommen, fragte man flehend,

aber die Antwort wusste wirklich keiner,

erst ein Unglück macht uns oft sehend.

Ein bittersüßer Trost ist mir ein Gedicht

Miltons über die Blindheit, mit einer,

wie ich meine, großartigen Sicht:

„Es dienen auch die, die einfach stehen und warten.",

also nicht nur die Starken, auch die Hilflosen und Zarten.

Collage

Corona

Corona, Corona, Corona,

tönt es von Sydney bis nach Barcelona.

Ich kann es nicht mehr hören,

dieses eintönige nervige Röhren!

In Teilen der Welt sterben Kinder wie Fliegen,

weil sie nichts zu essen kriegen.

Bei uns werden Körper im künstlichen Koma erhalten,

nicht nur die jungen, auch die ganz alten.

Lockdown light, Lockdown hart,

Ausgangssperre, Coronaleugner, Maskenpflicht,

das Pflänzchen Hoffnung durch Impfung wächst zart.

Politiker, Bürger-Meister, profilieren sich,

sehen die Bedürfnisse der Bürger nicht.

Vielen geht das gegen den Strich!

Epilog:

Da fällt mir ein Spruch ein:

„Ich kann das, was ich über das Leben gelernt habe,

in drei Wörtern sagen: Es geht weiter."

Das mag sein,

dies so zu sagen ist eine Gabe,

aber auch dieser Spruch stimmt mich nicht heiter.

Der stumme Schrei

!

Friseur

Es war einmal ein Friseur aus der Landeshauptstadt München,

der war darauf spezialisiert Glatzen zu übertünchen.

Er tat dies aber nicht mit Pinsel und Farbe wie ein Maler,

nein, er klebte die Haare auf die Kopfhaut, denn das wirkte realer.

Einmal misslang es komplett und dafür wollte der Betroffene ihn lynchen.

Er

Er kam auf die Welt. Er kam wie bestellt. Er

wurde ein Mann. Er wurde Don Juan. Er

war ein echter Beau. Er fühlte sich so. Er

war nicht treu. Er hatte keine Scheu. Er

wurde älter. Er wurde entstellter. Er

war plötzlich allein. Er fand das gemein. Er

schied aus dem Leben. Es war, als hätte es ihn nie

gegeben.

Erinnerung

Dieses kurze Gedicht ist einem Vorfall gewidmet, der sich vor Jahren ereignet hat, aber den Betroffenen erscheint, als ob es erst gestern gewesen wäre.

Nach dem Motto, "Was man nicht in der Hand hat, kann man nicht halten.", ist einem ein Wind an einem Ort entwichen, wo man das nicht erwartet, aber auch nicht gedulden kann:

Sauna,

trocken und heiß,

Körper,

nass von Schweiß,

einer

lässt einen Furz,

gar nicht kurz,

auch nicht trocken.

Das haut dich aus den Socken

(selbst wenn du gar keine anhast).

Es ist nicht das, wonach es aussieht

Einladung zum Sommerfest des Schulpfarrers,

das Lehrerkollegium fast vollständig vertreten.

Ein warmer Sommerabend wie im Bilderbuch,

Fleisch und Fisch brutzeln auf dem Grill.

Man sitzt zusammen,

unterhält sich über dies und das,

trinkt Bier und Wein, manche Wasser.

Der Schulpfarrer ist ein besonders netter.

Man redet auch über das Zölibat,

ob das überhaupt noch zeitgemäß sei.

Eine Kollegin meint,

„Die können es doch auch nicht aus dem Hirn raus-
schwitzen!"

In diesem Moment kommt der Gastgeber,

der besonders nette Schulpfarrer

an den Tisch,

um Hallo zu sagen

und mit seinen Gästen zu plaudern.

Er hat auffällig große Schweißperlen auf der Stirn.

Flüchtige Freundschaft

Sie konnten sich nicht so recht leiden,

es ließ sich jedoch nicht vermeiden,

dass sie befreundet wurden:

eine der Geschichten aus dem absurden

Leben, an denen sich Leute weiden.

Ihre Frauen mochten sich gern und trafen sich

jeden Tag, nicht nur gelegentlich,

da sie gleichaltrige kleine Kinder hatten

und somit Stoff für Erziehungsdebatten -

den Männern ging das gegen den Strich.

Diese hatten keine gemeinsamen Interessen,

neigten dazu, das Thema Freundschaft zu vergessen,

aber die Frauen gaben nicht nach und eine meinte,

die Männer sollten sich ein Hobby suchen, das sie vereinte.

Sie sagte, Angeln sei doch angemessen.

Und so fischten die Männer etliche Jahre,

auch bei anderen Dingen gerieten sie sich nicht in die Haare.

Das gegenseitige Verständnis wurde besser und besser,

die Sprüche, mit denen man sich aufzog, kesser.

Man meinte, sie seien Freunde, wahre.

Als sie sich schließlich viele Jahre lang kannten,

kam ihre Freundschaft plötzlich abhanden

wie anderen eine Geldbörse oder eine Leiter.

Wenn sie sich trafen, wussten sie nicht mehr weiter,

sodass sie sich bald nicht mehr Freunde nannten.

Putin in der Ukrain'

Ach, du böser Puhutin, Puhutin,

jetzt bist du drin - in der Ukrain'.

So vieles ist hin, so vieles ist hin.

Was für eine Wahl haben wir?

Zwischen dir Wurst und dem Leben[1].

Wir wählen das Leben - eben!

Ach, du böser Puhutin, Puhutin,

jetzt bist du drin - in der Ukrain'.

Dein Ruf ist für immer dahin!

Wo man nicht mit dir zusammenkommen kann,

bekommt man deinen Knüppel auf die Rübe

und auf den Rücken deine Hiebe[2].

---

[1] Die verwendeten Putin-Zitate sind der Webseite https://be-ruhmte-zitate.de/autoren/wladimir-wladimirowitsch-putin/ entnommen. Die Zitate wurden von mir ergänzt bzw. verfremdet.
[2] Dto.

Ach, du irrer Puhutin,

jetzt bist du drin in der Ukrain.

Du machst einfach alles hin.

Russland vernichtet Terroristen[3].

Warum lässt es dich an der Macht?

Du sprichst wirr, es geht zu Ende mit dir.

Du hast dich selbst in diese Lage gebracht.

Ach, du grauenhafter Verbrecher Puhutin,

jetzt bist du drin in der Ukrain'.

Du machst einfach alles hin.

Die Ukraine ist ein unabhängiger, souveräner Staat

und wird seinen eigenen Weg zu Sicherheit und Frieden wählen[4],

aber vorher muss ich sie noch mit Bomben und Raketen quälen.

---

[3] Dto.
[4] Die verwendeten Putin-Zitate sind der Webseite https://be-ruhmte-zitate.de/autoren/wladimir-wladimirowitsch-putin/ entnommen. Die Zitate wurden von mir ergänzt bzw. verfremdet.

Ach, du Teufel Puhutin, Puhutin,

jetzt bist du drin - in der Ukrain.

Alles machst du hin, alles machst du hin.

Wo ist da der Sinn, wo ist da der Sinn?

Die Hölle sende dir zum Gruß

Belzebubs typischen Pferdefuß!

Für Greta

Ich fahre in die große, weite Stadt,

folge dem Strom unzähliger Leute.

Wie Lämmer vorm Schlächter erscheinen sie mir heute.

Lärm und schlechte Luft machen uns platt.

Gedränge und Gewalt in allen Metropolen,

Millionen Menschen flüchten vor Elend und Krieg,

das anschwellende Meer erringt den Sieg

über das geschundene Land ganz unverhohlen.

Fische schwammen einst munter im Meer,

Vögel schwärmten flatternd durch die Luft.

Nun tun das Plastiktüten - es ist alles öde und leer.

Siedlungen wuchern, Boden wird knapp,

Hört, wie die Natur "Hilfe" ruft!

Ich fürchte, sie macht bald schlapp.

Gang der Dinge

Wir wissen doch, wie es geht, oder?

Brot ist für alle da, wenn alle auf Fleisch verzichten.

Viele spenden viel.

Selbst wenn ich alles gebe, gebe ich nichts,

es ist der Tropfen Wasser auf dem heißen Stein.

Wenn alle alles geben, ist dann nichts mehr da?

Wer gibt, wenn keiner mehr etwas hat?

Wie geht es dann weiter?

Müssen wir die Erde von uns erlösen,

damit es weiter geht?

Wir wissen doch, wie es geht, oder?

Rüste dich für den Krieg, wenn du Frieden willst.

Warum will man mir Böses,

ich bedrohe doch keinen?

Ein Spaziergänger wird niedergeschlagen,

einfach so, ohne ersichtlichen Grund.

Ein Auto wird in eine Fußgängergruppe gelenkt,

einfach so, Tote und Verletzte.

Irgendjemand führt immer Krieg

und findet Unterstützer.

Der Mensch hat sich zum Herrscher auserkoren,

dabei ging die Menschlichkeit verloren.

Gedicht oder nicht?

Ist

das

ein

Gedicht?

Nein,

ist

es

nicht!

Ich will Wörter in Sätze kleiden, dürre Wörtersäulen strikt vermeiden.

Bilder und Reime können Sinn verdichten, Texte wie Hopfenstangen mitnichten.

Eine gefällige Form ist für ein gutes Gedicht eine Norm.

„Nützlich und schön" soll es sein, sagte schon Horaz ganz allgemein.

Geständnis

Ich habe sie aufgeges-
sen,

die Trauben,

die in der

Obstschüssel

waren.

Vergib mir!

Sie waren

köstlich,

so süß und knackig

frisch.

Und

du hattest

mich gebeten,

dir

ein paar davon

übrig zu lassen.

Gott kann man sehen

Gott kann man nicht sehen,

nur hören, sagt irgendein Schlauer,

doch ich weiß es genauer,

muss nur in die Natur hinaus gehen.

Das Leben hat sich wunderbar eingerichtet,

kleinste Dinge greifen wie ineinander wie ein Uhrwerk,

auf diesem Gleichgewicht liegt Gottes Augenmerk.

Wir Menschen haben schon viel zu Grunde gerichtet.

Ein Blick hinaus in den nächtlichen Himmel

gibt mir eine winzige Ahnung von der riesigen Weite

des Alls! Gott zeigt sich auch von dieser Seite,

er erschuf auch das Sternengewimmel.

Ich denke nicht, dass all das von selbst entstand.

Gott oder wie immer man ihn oder sie auch nennt,

sein oder Ihr Plan, den man nicht kennt,

ist im unsichtbaren Hintergrund die ordnende Hand.

Man braucht nur Augen, keine besonderen Antennen,

um dieses Wunderwerk schaudernd zu erkennen.

Ob Sternenhimmel, Bergwelt oder Strand,

alles stammt aus Seiner Hand.

Hasenbraten

In Zeiten von Corona unterstützen wir den Wirt
vor Ort,

bestellen sonntags Speisen und passende Weine
dort.

Diesen Sonntag hält er Hasenbraten bereit,

mich hat er damit, er konnt's nicht wissen,
vom Appetit befreit.

Der Hase auf der Karte hat Erinnerungen
geweckt, Knall auf Fall.

Ich war noch ein Bub und wir hatten Hasen im
Stall,

die ich fütterte, mit denen ich spielte
und die ich sehr mochte.

Aber es kam der Tag, an dem meine Mutter sie
kochte.

Keinen Bissen habe ich davon gegessen,

denn ich konnte nicht vergessen,

als ich sah, wie mein Vater einen schlachtete,

ihm das Genick mit einem Holzscheit
   durchschlug und nicht darauf achtete,

ihn festzuhalten, sodass er ihm entglitt

und mit taumelndem Kopf gleichsam über die
                    Wiese ritt,

bis er purzelte, sich mehrmals überschlug,

dann noch ein paar Mal zuckte – genug, genug.

Die Erinnerung daran tut weh,

Hasenbraten - ist für mich passé ...

Meine vier Jahreszeiten

Frühjahrsmüdigkeit

Sommerschlappheit

Herbstmelancholie

Winterschlaf

Herbst

Wie schön und wohlig warm war noch der gestrige Tag!

Sonne, ein leuchtend blauer Himmel, wie ich es mag,

buntes Farbenspiel vor makellos klarem Hintergrund.

Ich gehe spazieren, fühle mich gesund.

Das Flusstal strahlt gelb, es blüht wieder der Raps,

hat sich der Frühling verirrt, frage ich mich stracks.

Doch das wunderbare Bild hat Schattenseiten,

weil Bauern auf Äckern und Wiesen Gülle verbreiten.

Heute ist es neblig und winterlich kalt.

Was der Herbst da treibt, ist völlig durchgeknallt.

Der Gestank ist noch nicht ganz verflogen,

ich fühle mich um die frische, reine Luft betrogen.

Doch denke ich an die Fische im Fluss,

für die bedeutet die Gülle noch weit mehr Verdruss.

Influencerin

Die Handycam schaut mir ins Gesicht
und sagt, sodass mir fast das Herz zerbricht:
„Selber schuld, wer dich nicht auf Anhieb liebt!
Es ist wunderbar, dass es eine so schöne wie dich gibt!"

Die Handycam blickt mir ins Gesicht,
doch, warum sehe ich mich auf dem Display nicht?
Da fällt es mir erfrischend ein,
die Frontcam muss eingeschaltet sein!

Ein Wischer auf dem Display macht die Camera an,
Ich sehe mich selbst auf dem Bildschirm fortan.
Mein laszives Lächeln zeigt die strahlend weißen Zähne
und über die Schulter fällt meine glatte blonde Mähne.

Jetzt noch den Ausschnitt der Bluse ein bisschen weiten,

die bewundernden Blicke auf meinen prallen Busen

leiten,

dann die rechte Hüfte etwas nach vorne kippen

und mit der Zunge befeuchten die vollen Lippen.

Perfekt, perfekt. Boah, ich bin die perfekte Frau!

Wenn ich mich so im Spiegel sehe, weiß ich es genau.

Kaum ist das Hochladen des Bildes auf Instagram

getätigt,

bekomme ich meine Meinung durch Millionen Clicks

bestätigt.

Im Zug

"Mit dem Zug

von Kairo nach Alex(andrien)

musst du mal fahren,

unheimlich entspannend,

landschaftlich ein Genuss!",

sagte man mir.

Heute fahre ich damit,

aber es ist schon stockdunkel,

die schöne Nillandschaft

versteckt sich.

Mein Sitznachbar versucht

vergeblich

fummelnd und stochernd

einen Strohhalm in eine Getränketüte

einzulochen.

Eine junge Ägypterin,

bezauberndes Lächeln auf den üppigen Lippen,

in engem schwarzem Kleid,

das ihre Traumfigur betont,

nimmt ihm die Tüte aus der Hand,

greift nach dem Strohhalm

und steckt ihn rein -.

Mein Nachbar kann seinen Durst stillen.

Kleinfamilie

Die moderne Familie sei in der Krise,

lese ich in Büchern und Journalen.

Monogamie sei wider die Natur,

die Fokussierung auf den einen oder die eine

bereite doch nur allseits Qualen

und man geht durchs Leben an der Leine.

Warum nur dieser Schwur?

Als ob sich zu Beginn der Ehe schon sagen ließe,

kein anderer oder nur diese!

Die moderne Familie sei in der Krise,

sie sei kein Zufluchtsort, kein Schutzraum.

Neue Formen des Zusammenseins müssen her,

die mehr Freiheit bieten, Geborgenheit und Obhut.

Viele Soziologen träumen diesen Traum.

Wohn- und Zweckgemeinschaften empfiehlt man sehr.

Aber davon gibt es nicht nur gute, sondern auch miese.

Wenn viele beieinander sind, geht das oft nicht gut.

Schlecht ist die Kleinfamilie nicht,

was uns schwer fällt, ist Verzicht.

Doch wer schon einmal verzichtet hat,

weiß, die Belohnung ist Liebe satt.

Laufen in der Winternacht

Nach einem kurzen Kampf

gegen mein inneres Nein

mache ich meinen Beinen Dampf

und stürze mich laufend in die Dunkelheit hinein.

Finster ist es und winterlich kalt.

Wie ein Leuchtband glänzt der Asphalt,

als der Wind eine Wolke zerreißt

und der Vollmond sein Licht auf die Erde schmeißt.

Wie ausgelaufene schwarze Tinte

auf goldgelb leuchtendem Papier

erscheinen die Äste der kahlen Bäume mir.

Ich beschleunige, bis ich sprinte,

dann halte ich nach Atem ringend inne,

richte meinen Blick nach oben,

lasse das himmlische Gemälde auf mich wirken,

sehe die Winzigkeit von menschlichen Bezirken

im Weltenall, möchte den Schöpfer loben.

Es freuen sich all meine Sinne

über dieses Erlebnis in der nächtlichen Natur

als Teil der großartigen göttlichen Architektur.

Unfassbar wie der Mondschein uns Menschen

verzaubert und überschüttet mit Freude pur.

Mücke

Den Herbsturlaub 2018 verbrachten wir, wie die Jahre zuvor auch, an der Adria, dieses Mal in Grado. Ab Mitte September sind die herrlichen Sandstrände menschenleer und man kann die Wärme der Sonne bei langen Spaziergängen entlang der Wasserlinie ungestört und in Ruhe genießen.

Kein Vergleich zur fast unerträglichen Sommerhitze, bei der man den Strand vor lauter Sonnenschirmen und Menschenleibern fast nicht mehr sieht und der Strandlärm einen fast taub werden lässt.

Es ist Ende September, als in den Medien eine traurige Nachricht die Runde macht: *Maurizio Zanfanti* ist gestorben. „Mauritio wer?", fragen Sie sich jetzt und das zurecht. Sie müssen sich keine Vorwürfe machen, dass Sie mit diesem Namen nichts anfangen können, den kennen eigentlich nur die Klatschspaltenleser. Warum ich mir dennoch Gedanken über und zu ihm mache? Die Antwort kommt ein bisschen weiter unten.

Mauritio Zanfanti starb mit 63 Jahren, angeblich als er gerade eine vierzig Jahre jüngere Frau schnackselte. Ein schöner Tod, eigentlich, vergleichbar zu einem Läufer, der am Ende des Marathons zusammenbricht und das Zeitliche segnet.

Dabei hatte die einschlägige Presse schon zwei Jahre vorher verkündet, dass der Playboy Mauritio Zanfanti in den Ruhestand gehe. Er habe in seinem Leben im Raum Rimini rund 6000 Frauen vernascht, am liebsten deutsche „Fräuleins". Das hat ihm auch den Spitznamen „Zanza", die Mücke, eingebracht, „stechen und dann weg!"

Am Abend des Tages, als sich die Nachricht verbreitete, dass „Zanza", der Rammler von Rimini, während des Geschlechtsverkehrs mit einer jungen Frau ablebte, spazierte ich mit meiner Frau den Meeresstrand entlang, Richtung Sonnenuntergang, als uns ein Pärchen auffiel:

er, klein, dünn, braungebrannt, grauhaaring, bestimmt über sechzig; sie einen Kopf größer als er, nicht ganz so braun, blond, ca. 20 Jahre alt, mit einem sehr knappen Bikinihöschen, das den Blick auf die wohlgeformten Arschbacken komplett freigab. Die beiden waren in einem, boxerisch würde man sagen „Infight" verwickelt, d. h. sie küssten sich leidenschaftlich im Stehen, wobei sich er so an sie drückte, dass sie auf einmal ins Straucheln gerieten und fast umfielen.

Und jetzt die Antwort zu Frage vorher – wie komme ich auf Mauritio Zanfanti, die „Mücke"? Als ich das Pärchen so innig schmusen sah, fiel mir wieder „Zanza" ein!

Könnte es sein, dass der „Rammler von Rimini" als „Geiler von Grado" wieder auferstanden ist?

Aber ich habe diesen spontanen Gedanken nicht weiterverfolgt, da hätte ich mir die beiden Turtelnden, die so urkomisch ungleich waren, genauer und länger anschauen müssen. Ich wollte kein Gaffer sein und konzentrierte mich lieber darauf, wie ich das Abendessen auf Italienisch bestelle, wobei das gar nicht notwendig gewesen wäre, da in Grado sowieso alle Bedienungen Deutsch sprechen.

Nachbarin

Meine Nachbarin hat einen Gärtner.

Einen großen Garten hat er

zu betreuen. Immer gibt es etwas

zu häckseln,

zu bohren,

zu schneiden

oder zu mähen das Gras.

Manche haben zur Devise:

„Ich burre und ich brumm',

ergo sum.

Übrigens - meine Nachbarin heißt Elise.

● ● ●

Mach mal einen ●

● um

Komm auf den ●

Poesie des Alltags ...

Prosaisches Intermezzo: Ein Stück Freiheit

Frühjahr 1972. Dänemark, Irland, Norwegen und das Vereinigte Königreich haben Verträge über den Beitritt zu den Europäischen Gemeinschaften unterzeichnet, in Norwegen scheitert dann aber der Beitritt an einer Volksabstimmung.

Der zweite Beitrittsversuch Norwegens in den 90er Jahren des letzten Jahrhunderts, den ich hautnah miterlebte, da ich damals in Oslo wohnte, scheiterte ebenfalls an einer Volksabstimmung. Die Pro-Europäer waren entsetzt, hielten die Abstimmungsniederlage, auch wenn sie sehr knapp war, nicht für möglich. Wie konnte das geschehen?

Für mich als Außenstehenden kam das nicht völlig überraschend. Viele Norweger litten damals immer noch unter dem Trauma der deutschen Besatzung im 2. Weltkrieg, der die kurze Unabhängigkeit von fremden Mächten, die erst seit 1905 bestanden hatte, wieder zunichte machte. Viele meinten, das kleine Norwegen mit seinen knapp 5 Millionen Einwohnern hätte in der EU nichts zu melden und Europa bräuchte nur einen Netto-Beitragszahler mehr. Und das wäre Norwegen auf Grund seiner Ölvorkommen („die Scheichs des Nordens") sicher geworden. Darüber hinaus fürchteten viele hochsubventionierte Bereiche der norwegischen Volkswirtschaft, v.a. die Landwirtschaft und der Fischfang, Verluste bei einem eventuellen Beitritt.

Ein weiterer Grund, warum auch das zweite Beitrittsreferendum scheiterte, wurde nicht öffentlich diskutiert, spielte aber unterschwellig eine Rolle, nämlich eine antideutsche Stimmung oder Grundhaltung, vor allem in der veröffentlichten Meinung und bei den jüngeren und im Erwerbsleben stehenden Norwegern, denen in der Schule kein positives Deutschlandbild vermittelt wurde. Man sah, dass Deutschland innerhalb der EU eine führende Rolle spielte und da wurden Ängste geweckt, die aber nicht offen ausgesprochen wurden.

Erstaunlich für mich war, dass die ältere Generation der Norweger, die den Krieg miterlebt und auch darunter gelitten hatte, mir wesentlich deutschfreundlicher vorkam als die jüngeren Generationen. Meine Söhne gingen auf die kleine Deutsche Schule Oslo, die damals an der Majorstua Skole, einer norwegischen Gesamtschule, untergebracht war. Nicht selten gab es Streitereien auf dem Schulhof und die deutschen Schüler und Schülerinnen mussten sich oft als Nazis beschimpfen lassen.

Eine kleine Anekdote unterstreicht vielleicht das, was ich andeuten will. Oft brachte ich meine Söhne, vier und sechs Jahre alt, zur Schule bzw. Kindergarten im Zentrum Oslos, wir fuhren mit der „Trikk", der U- bzw. S-Bahn, und während der ca. 25minütigen Fahrt las ich ihnen aus deutschen Kinderbüchern vor. Niemals sind wir deswegen schief angeschaut oder gar belästigt worden, im Gegenteil, ältere Norweger sprachen uns freundlich auf Deutsch an, sie wollten stolz zeigen, dass sie in der Schule Deutsch gelernt hatten. Daher war ich umso erstaunter, als mich eines Tages ein Mitarbeiter der deutschen

Botschaft ansprach und meinte, „Sie haben Mut, in der Bahn Bücher auf Deutsch laut vorzulesen!"

Das war rund zwanzig Jahre nach dem ersten gescheiterten Beitrittsversuch im Jahr 1972.

Im Frühjahr 1972 – hier komme ich auf den Ausgangspunkt zurück - hatte ich persönlich mein erstes europäisches Erlebnis.

Ich studierte an der Uni in Regensburg Englisch und Sozialkunde und hatte zusammen mit einem Studienfreund einen Sprachkurs für Studenten in Broadstairs im Südosten von England gebucht. Wir fuhren mit dem Zug nach Ostende, von da mit der Fähre nach Dover, von Dover mit dem Zug nach Ramsgate und von Ramsgate mit dem Bus nach Broadstairs zu unseren Familienunterkünften. Diese Art des Aufenthalts hatten wir bewusst gewählt, denn wir wollten Englisch mit Engländern in England sprechen.

Für mich war meine Gastfamilie ein Glücksfall. Ich wurde von der Familie herzlich aufgenommen, allen voran von der „Landlady" (Frau des Hauses) Ann, aber auch von ihrem Mann Tony, dem „Landlord", und den 3 P's, den Kindern Penny, Patrick und Philip.

Ann brachte mir jeden Morgen eine „early morning cup of tea" ans Bett, Tony bot mir sein selbst gebrautes Bier und seinen selbst gemachten Wein an und wir alle spielten Scrabble und Tischtennis.

Den Tee schmecke ich noch heute auf Zunge und Gaumen, während die selbst fabrizierten Alkoholika mir eher Kopfweh bereiteten. Wir redeten viel miteinander, zu Tisch, beim Spiel und auch vor dem Fernseher, der praktisch pausenlos an war. Manchmal wurde es mir zu viel und ich sagte einmal: „Sorry, I've run out of my English ...". Diese Neuschöpfung eines Ausdrucks hatte meinen Landlord köstlich amüsiert und er hat das bei späteren Besuchen in den Jahren danach immer wieder zitiert.

Mein Studienfreund hatte nicht so viel Glück mit seiner Gastfamilie, die aus einer alleinstehenden, arbeitstätigen Frau mit einer fast erwachsenen Tochter bestand. Die

Frau hatte fast nie Zeit für ihn und die Tochter einen Freund und auch kein Interesse, sich mit dem fremden Studenten zu unterhalten. Wahrscheinlich waren sie nur auf das Geld für Unterbringung und Verpflegung scharf, mutmaßte Ann, meine Landlady.

Worüber wir damals sehr froh waren, war die Tatsache, dass ein Jahr zuvor, nämlich am 15. Februar 1971, der „Decimal Day" war. An jenem Tage wurde die britische Währung reformiert. Nun bestand 1 Pfund Sterling aus 100 Newpence, das war für uns Kontinentale nachvollziehbar. Vorher bestand ein Pfund aus 20 Schillingen und ein Schilling wiederum aus 12 Pence – ein Horror, damit zu rechnen.

Der Schilling war passé – Gott sei Dank. Was aber noch einigermaßen funktionierte, war die britische Automobilindustrie. Die hatte auch den legendären Mini hervorgebracht, ein damals revolutionärer Kleinstwagen. Sehr gut erinnere ich mich daran, als mein Studienfreund und ich eines Morgens zur Sprachschule per Anhalter fuhren, als wir den Bus verpasst hatten. Ausgerechnet ein Mini-Fahrer hielt an und nahm uns mit. „She's running smoothly this morning", sagte er von seinem Wägelchen und wir lernten, dass Automobile im Englischen weiblich sind.

Mit meinen Gasteltern stand ich noch viele Jahre in Verbindung und sie besuchten uns auch mehrmals in Deutschland.

Dass nun Großbritannien, ich sage immer noch England, obwohl das politisch nicht korrekt ist, die Europäische Union verlässt, stimmt mich traurig. Die Brexit-Abstimmung hat mich an das Beitrittsreferendum 1994 in Norwegen erinnert. Die Europabefürworter waren sich jeweils ihrer Sache wohl zu sicher …

Fazit: Für Europa muss man kämpfen, wie auch für die Freiheit – Europa ist für mich auch ein Stück Freiheit. Leider bleibt nichts von sich aus bestehen und verfällt, wenn man sich nicht dafür einsetzt.

Regen

Der Regen nähert sich als grauer Schleier,

der vom Wind ausgebeult

sich von der dunklen Wolke

zur Erde hinabfallen lässt.

Er prasselt auf die Dächer,

gurgelt in den Regenrinnen,

gibt den Blättern der Bäume

und dem Gras der Wiese

eine Glanzspülung,

dunkelt die Räume der Häuser ab -

und zieht dann weiter.

Gedanken an Dylan Thomas beim Sonnenuntergang des siebten September Zweitausendsiebzehn

Spazieren gehe ich mit dir
den Hügel bergan Richtung Westen.

Das saftige Grün des Grases so frisch,
es mag die frühherbstliche Kühle,
die sich in der Luft verströmt.

An der Hand habe ich dich genommen,
lasse dich spüre, dass du zu mir gehörst.

Wir schlendern dahin,
dem Sonnenuntergang entgegen,
reden nur wenig, erstehen uns wortlos,
wollen zu-
sammen
sein.

Die Sonne
schießt ihr
gleißendes
Licht durch
die Bäume,
die ihr
Laub noch

tragen,
und über die Maisfelder,
die mächtig dastehen.

In wenigen Minuten wird das grelle Licht
einer angenehmen, milden Dunkelheit weichen,
die sich wie schwarzer Nebel auf das Land legt
und die letzten Sonnenstrahlen wegfegt.

„Geh nicht in Frieden in die gute Nacht,
empör dich, wenn das Tageslicht erstirbt!"
wurde einst gedichtet.

Es ist aber nicht die Nacht, die den Tag verdirbt,

das sei auch berichtet.

Im Stadion

Von einem befreundeten Dauerkartenbesitzer habe eine Karte für das Champions-League-Spiel des FC Bayern gegen Real Madrid bekommen, Südkurve, da wo die Stimmung im ansonsten eher ruhigen Stadion am Brodeln ist. Fankurvenambiente pur. Ich freue mich schon darauf.

Habe auch eine Mitfahrgelegenheit bei einem benachbarten Fanclub aufgetrieben. Um 17 Uhr ist die Abfahrt mit dem gecharterten Bus. Schon vorher haben sich die Eingefleischten in der Stadiongaststätte getroffen und vorgeglüht, denn im Stadion darf aus Gründen der Sicherheit kein Alkohol ausgeschenkt werden.

Im Bus geht das Glühen weiter und die ersten Schlachtgesänge werden laut: Superbayern, Superbayern, hey – hey – hey. Eine ansprechende Lyrik, voller Stilfiguren und-mittel: Alliteration, Assonanz, asyndetische Reihung.

Im Stadion unter den Südkurvenfans bekomme ich die Stimmung hautnah mit. Die Einpeitscher, die sich abwechseln, damit sie ihre Stimmen nicht ganz kaputt machen, sorgen dafür, dass die Gesänge und die Anfeuerungssalven für den FC nicht aufhören. Kritische Blicke meiner Nebenmänner, Frauen sehe ich nur ganz wenige, deute ich so, dass auch ich mitsingen, mitbrüllen muss.

Das tue ich dann sogar gerne, denn vom Spiel sehe ich kaum etwas, weil mir die Fahnen, die geschwungen werden, die Sicht nehmen.

Dann ist Pause.

Nachdem ich im Bus auch ein paar Bierchen geleert habe, um die Fanstimmung besser aufzunehmen und spüren zu können, gebe ich dem Drang meiner Blase nach und mache mich auf dem Weg zum Urinal. Tausende Fans haben dasselbe Bedürfnis, Lemmingen gleich ziehen sie unbeirrbar den gut beschilderten Pfad entlang. Schon kurz vor dem Eingang in das gelobte Pissoir steigt der stechende Geruch des abgelassenen Harns wie Riechsalz in die Nase. Jetzt gibt es kein Entrinnen mehr, die Masse schiebt sich wie ein gewaltiger Strom der Bieselhalle entgegen. Am Eingang gibt es wie an einer Staustufe einige Verwirbelungen des Stromes, aber irgendwie wird man durchgedrückt. Im Inneren des Soachtempels steigt die Luftfeuchtigkeit an, der Geruch der Harnstoffwolke wird noch stechender, lähmt die Atmung, ich fange schon zu schwitzen an.

Jetzt gilt es einen freien Platz an den blechernen Urinalwänden zu finden, denn sonst wird man unverrichteter Dinge durch den Ausgang wieder hinausgeschoben. In einer Seitennische wird ein Platz frei, die beiden Nebenleute haben einen gewaltigen Druck auf der Blase, den ihr Strahl spritzt von der Wand zurück und ich muss aufpassen, dass ich nicht tropfnass werde. Schließlich schaffe ich es auch mit enganliegenden Armen mein Geschäft zu verrichten und mich zu erleichtern. Als ich mich halb umdrehe, steht hinter mir schon der nächste Kandidat mit offenem Hosenlatz und gezücktem Pimmel. Ich hoffe, er hat sein Bedürfnis im Griff gehabt und mich nicht angepisst. Spüren tut man das erst, wenn die kalte Nässe auf die Haut durchkommt.

Welch eine Erleichterung, als ich das Freie erreiche und wieder durchschnaufen kann!

Auch die leicht angefeuchtete Kleidung trocknet schnell, als ich mit den anderen Fans rhythmisch auf und ab hüpfe, um die Geschlossenheit des Bayernblocks zu zeigen.

Aber alle Anstrengungen halfen nichts – Real besiegte die Bayern mit vier zu null.

Trugschluss

Wenn je zwei eins waren,

dann ganz bestimmt wir.

Wenn je eine Frau von ihrem Mann geliebt wurde,

dann ganz bestimmt du.

Wenn je ein Mann mit einer Frau glücklich war,

dann ganz bestimmt mit dir.

Deine Liebe ist mehr wert als jede Goldmine,

ist heller als das Licht aus dem Orient,

Ist so erfrischend wie Morgentau.

Und dennoch –

sieht der Mann sich als Liebhaber jeder schönen Frau.

Wege

Dreizehn Jahre lang brachte ich den Schülerinnen und Schülern der Schule Englisch und Deutsch bei und vor allem letzteres war nicht einfach, denn die Schule, ein Gymnasium, liegt im Südosten Bayerns und da ist Deutsch eigentlich die erste Fremdsprache. Die Stelle an jener Schule in Niederbayern war meine erste Festanstellung nach meiner Referendarszeit, die ich in München verbracht hatte. Ich genoss die Lernwilligkeit der Schüler auf dem Land, sie waren noch wirklich daran interessiert, was in den Lehrbüchern stand, machten auch widerstandslos Hausaufgaben und hatten Respekt vor den Lehrern.

In München war das Unterrichten viel anstrengender. Für eine Unterrichtsstunde, die 45 Minuten dauert, saß ich oft die doppelte Zeit am Schreibtisch, um sie vorzubereiten, denn bei den Stadtschülern durfte kein Leerlauf entstehen, sonst hatte man sie sozusagen verloren und konnte sie auch kaum mehr zurückholen und die Stunde endete im blanken Chaos.

Mir persönlich ist das Gott sei Dank nie passiert, denn ich war immer akkurat vorbereitet und konzentrierte mich vor allem auf die sogenannte Motivationsphase am Anfang der Stunde. Für diesen wichtigen Abschnitt jeder Unterrichtsstunde ließ ich mir allenthalben etwas Besonderes einfallen, um die Schüler für das Thema der Stunde zu gewinnen und das zahlte sich aus. Wenn es zum Beispiel um das „Gewicht der Werbung in den Zeitschriften" ging, nahm ich eine Küchenwaage mit in den Unterricht und die Schüler schnitten aus diversen Illustrierten und Magazinen die Werbeseiten aus und wogen die mit Werbung gefüllten Seiten gegen den Rest der Zeitung ab.

Solche Gags kamen bei der Schülerschaft gut an und mir erging es nicht so wie einer Kollegin, der beim Chorlesen im Englischunterricht die Stimme ein wenig überschnappte, was die Schüler aufgriffen, imitierten und neue Geräusche hinzufügten, angefangen vom Wiehern

eines Pferdes bis hin zum Kikeriki des Hahns. Das kako-
phonische Chaos wurde der Kollegin zu viel und sie
stürmte heulend aus dem Klassenzimmer. Keiner der
Schüler schien Mitleid mit ihr zu haben.

Am gut funktionierenden Gymnasium in Südostbayern
war das Unterrichten kein Problem, da konnte man sich
auch mal die „Schwellenpädagogik" erlauben, das heißt,
man überlegte sich erst an der Schwelle der Klassenzim-
mertür, was man im Unterricht behandelt. Es gab und
gibt Kollegen, die machen nur solchen Unterricht, vor al-
lem Lateinlehrer, denn da kommt nicht viel Neues. Wenn
der Lehrplan mal durchgearbeitet worden ist, heißt das
Motto gern „Und täglich grüßt das Murmeltier ...". Diese
Art des Unterrichtens gibt einem zwar viel persönlichen
Freiraum, führte aber auch dazu, dass der Beruf des Leh-
rers in Verruf geraten ist. Mich persönlich hätte so ein
Unterrichten nicht befriedigt. Ich stellte auch selbst An-
sprüche an meinen Unterricht, wollte abwechslungsreich
und innovativ sein. Schon in den 1980er Jahren inte-
grierte ich „Superlearning" in meinen Unterricht, brachte

meinen Schüler*innen autogenes Training bei und engagierte mich außerunterrichtlich, indem ich einen Lauftreff für Schüler anbot.

Dazu muss ich ein wenig ausholen: Immer wieder gibt es Wende-, Scheidepunkte im Leben, manche werden bewusst herbeigeführt andere unabsichtlich. So einen zufällig entstandenen Wendepunkt stellten für mich die Deutschen Meisterschaften im Marathonlauf 1980 dar, die im südostbayerischen Waldkraiburg ausgetragen wurden.

Ich wohnte damals in der Nähe des Austragungsorts und hatte gerade wieder mit dem Laufen angefangen, nachdem ich mich auf die Waage gestellt hatte und sehen musste, dass ich fast 84 Kilo bei einer Größe von 1,82 Meter wog. Ich hatte schon so eine Ahnung, da mir meine Hosen nicht mehr passen wollten. An Silvester 1979 hatte ich mir noch vorgenommen, mit dem Rauchen aufzuhören. Jetzt kam noch ein zweiter Vorsatz dazu, die

Bekämpfung des Körperfetts, das sich durch die reichliche Konsumption von Weißbieren angesammelt hatte.

Der Termin des Laufs war Mitte Mai, es war ziemlich warm, obwohl der Start, soweit ich mich erinnern kann, in den späteren Nachmittag gelegt worden war. Woran ich mich aber noch ausgezeichnet erinnern kann, sind die Bilder der Läufer, wie sie ins Ziel kamen. Eine Augenweide war das nicht. Ausgemergelt, mit verzerrtem Gesicht und ganz schief kamen viele daher, aber kaum hatten sie die Ziellinie überquert, erschien eine Aura der Zufriedenheit und des Glücklichseins auf den meisten Gesichtern. Plötzlich strahlten sie vor Freude, vergessen waren die Strapazen der mehr als 40 Kilometer langen Schinderei.

Diese Gesichter motivierten mich, mit dem Laufen ernsthaft zu beginnen und der wunderbare Nebeneffekt war, dass ich auch das Rauchen aufhören konnte, denn das vertrug sich mit dem Laufen überhaupt nicht.

Vielleicht war es ein Zufall, dass ich bei einem Crosslauf gerade in Waldkraiburg, ungefähr ein Jahr später, einen Vereinskollegen besiegte, dem ich bis dato nur hinterhergelaufen war. Ab diesem Zeitpunkt hat er mich nie wieder in einem Rennen geschlagen.

Um ihn zu besiegen, musste ich während des Laufes eine innere Schmerzgrenze überwinden, was ich vorher nicht geschafft hatte. Aber wenn man das einmal durchlebt hat, diesen ziehenden und bohrenden Muskelschmerz, ist es beim nächsten Mal nicht mehr ganz so schlimm. Und, was das Gewicht anbetrifft, das ging runter auf 67 Kilogramm, meine Hosen passten wieder.

Jener Marathonlauf von Waldkraiburg, bei dem ein gewisser Ralf Salzmann siegte, ging in die Annalen ein, weil kurz nach dem Lauf bekannt wurde, dass Deutschland die Olympiade in Moskau boykottieren würde.

Den Sieger des Laufes hat das wahrscheinlich schwer demotiviert, während für mich persönlich dieser Marathonlauf der Startschuss in ein Läuferleben bedeutete und aus der Schule, an der ich damals unterrichtete und einen Lauftreff anbot, gingen mehrere bekannte Langstreckenläufer hervor.

Das Laufen brauchte ich auch als Ausgleich zu meinem Beruf als Lehrer, gleichermaßen als Psychohygiene. Während ich mit den Schülern und Eltern blendend zurechtkam, kam es mit Kollegen und Kolleginnen immer wieder zu Reibereien. Mein Erfolg als beliebter Lehrer, der einen abwechslungsreichen, interessanten Unterricht bot, brachte Kollegen unter Zugzwang, denn mit meiner modernen Art des Unterrichtens setzte ich Maßstäbe, die anderen Kollegen ein Dorn im Auge waren.

So wurde ich immer wieder Zielscheibe von zum Teil wenig subtil lancierten Attacken. Der Fachleiter Englisch, der einer anderen Generation angehörte und in seinem Unterricht mehr Deutsch als Englisch redete, begann damit, meine Korrekturen ganz genau zu prüfen und schrieb mir ellenlange Kommentare, wenn ich mal einen Fehler in einer Klassenarbeit übersehen hatte. Aber nicht genug damit, er strich mir auch Dinge an, die nachweislich keine Fehler waren, was mich wiederum erzürnte, so dass ich Gegendarstellungen schrieb.

Dazu beziehungsweise zur Fehlerkorrektur eine kleine Anekdote aus einer Lehrerfortbildung, die ich einmal besuchte: Die anwesenden Englischlehrer wurden gebeten, drei kurze englischsprachige Texte auf orthographische und grammatikalische Richtigkeit zu überprüfen und Fehler zu markieren. Ich fand damals vier Dinge, die ich nicht hätte durchgehen lassen, andere fanden bis zu 27 Fehler. Die Überraschung war groß, als der Fortbildungsleiter, ein Engländer, meinte, die Texte seien fehlerfrei, sie enthielten nur verschiedene Varianten des Englischen und seine Schlussfolgerung war, dass Lehrer zu viele Fehler anstreichen. Da konnte ich ihm nur zustimmen.

Ich persönlich finde die Korrekturmaschinerie, die sich an den Schulen etabliert hat, ohnehin übertrieben. An einem bayerischen Gymnasium werden die Schulaufgaben (Klassenarbeiten) bzw. Klausuren zunächst vom

Fachlehrer korrigiert. Der nächste Schritt ist dann, dass die Aufgaben vom Fachleiter nachkorrigiert werden, zwar nicht immer alle, aber doch nicht wenige Stichproben.

Damit aber nicht genug. Die vom Fachlehrer und dem Fachrespizienten korrigierten Arbeiten werden noch einmal von der Direktoratsrespizienz durchgeschaut. Das ist entweder der Direktor selbst oder ein beauftragter Mitarbeiter des Direktorats.

Damit sind wir aber immer noch nicht am Ende der Korrektur-Fahnenstange. In regelmäßigen Abständen fordert die Dienststelle des Ministerialbeauftragten Schulaufgabensätze aus verschiedenen Jahrgängen und Fächern an, um sie noch einmal nachzukorrigieren.

Bei Staatsexamensarbeiten, bei denen es um viel mehr geht als bei den Klassenarbeiten und Klausuren am Gymnasium, wird bei weitem kein solcher Aufwand betrieben.

Mit dem oben erwähnten Fachbetreuer Englisch lag ich also im Clinch, aber das waren nicht die einzigen kollegialen Probleme, die mich Junglehrer belasteten.

Bei der dienstlichen Beurteilung durch den Chef der Schule erhielt ich eine um zwei Stufen bessere Beurteilung als die Kolleginnen und Kollegen, die gleichzeitig mit mir an die Schule gekommen waren. Er hatte persönlich meinen Unterricht anhospitiert und war beeindruckt wie ich die Klasse „im Griff" hatte und sicherlich hatten ihm auch Eltern und Schüler Rückmeldungen über mich und meinen Unterricht gegeben, sodass er mir eine sehr gute dienstliche Beurteilung gab. Die nicht so gut beurteilten Lehrer wiederum wandten sich an den Personalrat, der beim Chef intervenierte und verlangte, dass meine Beurteilungsstufe herabgesetzt werden solle. Als ich das herausbekam, bin ich auch zum Personalrat und habe den Mitgliedern deutlich gemacht, dass ein Personalrat sich für das Personal und nicht dagegen einsetzen sollte. Sie hätten beim Chef nicht eine Verschlechterung meiner

Beurteilung, sondern eine Verbesserung der anderen Beurteilungen fordern sollen!

All diese Scharmützel waren für mich sehr belastend und hätte ich das Laufen nicht gehabt, hätte ich mich wohl sehr schwergetan, überhaupt noch das Schulgebäude zu betreten, obwohl ich bei Schülern und Eltern hoch angesehen war.

Alles in allem aber war ich unzufrieden, denn Schüler und Eltern wechseln, die Kolleginnen und Kollegen aber bleiben weitestgehend dieselben, sodass ich nach einem Ausweg suchte und dieser Ausweg fand sich nicht in Bayern, sondern in Köln am Rhein und hieß „Zentralstelle für das Auslandsschulwesen".

Ein Kollege, der über die Vermittlung durch die Zentralstelle, die im Bundesverwaltungsamt untergebracht ist, fünf Jahre an einer Deutschen Auslandsschule in den USA verbracht hatte, machte mich darauf aufmerksam.

So bewarb ich mich in Köln für den Auslandsschuldienst und mein erster Einsatz führte mich nach Oslo in

Norwegen. Reibungsflächen mit Kollegen und Kolleginnen gab es auch da – die gibt es immer und überall auf der Welt – aber man hat den Trost, eine andere Kultur und Sprache zu lernen. Norwegisch sprach ich nach einem Jahr fließend und ich habe an der Schule sogar Norwegisch als Fremdsprache in Vertretung unterrichtet, wenn die reguläre Lehrkraft einmal ausfiel. Außerdem war damals die Bezahlung im Ausland deutlich besser als daheim in Deutschland, auch ein Moment des Trostes ...

Später bin ich sogar noch Schulleiter an einer sehr renommierten deutschen Schule in Ägypten geworden, der Höhe- und Glanzpunkt meines beruflichen Werdegangs. Rückblickend erinnert mich meine Bewerbung für den Auslandsschuldienst in Köln an das berühmte Gedicht von Robert Frost „The Road Not Taken":

„...

Two roads diverged in a wood and I—
I took the one less traveled by,
And that has made all the difference."

Ja, ich habe den Weg gewählt, der nicht so oft begangen wird, für mich kann ich sagen den Ausweg, vielleicht sogar den Ausbruch und der hat den Unterschied gemacht, wie es in der Schlusszeile des Gedichts heißt.

Peter Wurzer

Wer läuft, lebt richtig

Ein Leitfaden zum sinnvollen Training

Europas Freiheit ist wieder in Gefahr! Wann nehmen das endlich alle wahr?

Putin zementiert die totale Diktatur, begeht für alle sichtbar Genozid pur,

nennt es Befreiung oder Spezialoperation. Man kennt das Neusprech aus Orwells 1984 schon.

Putin tut es Hitler gleich, Groß-Russland ist sein Drittes Reich.

Das Leid der Ukraine ist unermesslich, bleibt wie der Holocaust unvergesslich.

Rücksicht auf Putin und die Wirtschaft, dazu Angst vor Krieg rauben uns die Kraft,

so zu handeln wie es ein Tyrann versteht. Derweil sterben Menschen und die Zeit vergeht

ungenutzt. Unsere Freiheit ist in großer Gefahr! Wann nehmt ihr das endlich wahr?

Zufrieden

Ich sehnte mich nach der absoluten Ruhe,

die man nirgendwo finden kann.

Ich sehnte mich nach dem vollständigen Gelöstsein,

das alle Schmerzen nimmt.

Ich fiel in das kaffeeschwarze Meer des Traums,

in dem das Licht zu Ende geht

und alle Gedanken im Teer des Nichts versinken.

Die Stille wusste nichts mit sich anzufangen,

verschwand einfach kommentarlos.

Die Dunkelheit hatte alles in sich aufgesogen

und war zufrieden mit sich selbst.

Ich hoffe, Dir / Ihnen hat das Büch-
lein gefallen und dass das Lesen
Freude bereitet hat.